P. VICTOR VIEILLE, S. J.

ABBEVILLE

C. PAILLART, IMPRIMEUR-ÉDITEUR

SOMMAIRE

VIE ADMIRABLE

DE

SAINT IGNACE DE LOYOLA

Fondateur de la Compagnie de Jésus

I

Sa naissance 1491.

La catholique Espagne a trempé son âme dans des luttes séculaires contre les Maures, ces cruels ennemis du nom chrétien. Aussi, est-ce à ce peuple héroïque que

Saint Ignace de Loyola.

Dieu ira demander, au XVe siècle, un vaillant défenseur de son Église et de la société chrétienne. Elles étaient, l'une et l'autre, mises en péril par les assauts réitérés du Protestantisme.

Au nord de l'Espagne, dans les vallées pittoresques de la chaîne massive des Pyrénées, vit, de la culture du sol et de l'exploitation des mines, le peuple basque. Il est austère dans ses mœurs, fier de ses franchises et de son indépendance, inébranlable dans sa foi antique et attaché à ses traditions de loyauté et d'honneur chevaleresque. C'est au sein de cette énergique population que la Providence a placé le berceau d'Ignace de Loyola, fondateur de la Compagnie de Jésus.

Ce descendant d'une race illustre, ce modèle achevé de prudence et de sagesse, fut passionné tour à tour pour la gloire humaine et pour la gloire divine. Il cachait un grand cœur sous les dehors d'une âme austère, et sous les apparences d'une fierté indomptable, une humilité profonde.

C'est dans la province de Guipuzcoa, à huit lieues de France, au château de Loyola, situé à égale distance des petites villes d'Azpeitia et d'Azcoitia, que naquit Ignace, vers l'an 1491, sous le règne de Ferdinand et d'Isabelle. C'était l'heure où Christophe Colomb allait découvrir le Nouveau Monde. Le père d'Ignace, Bertrand Yanès de Onas y Loyola, fut un soldat vaillant, un parfait chevalier. Sa mère s'appelait Marina Saenz de Licona y Balda. A ces époux chrétiens, le ciel envoya une superbe couronne d'enfants vertueux : quatre filles et sept fils, dont le dernier, Inigo ou Ignace, devait illustrer toute la famille.

II

Ses premières années. — Sa jeunesse
(1491-1521).

Dès sa plus tendre enfance, le fondateur de la Compagnie de Jésus respira la chaude atmosphère des sages leçons et des beaux exemples d'un foyer éminemment chrétien. A cette époque, les fils de noble race se faisaient gloire de manier avec plus d'art l'épée que la plume, d'être plus habiles capitaines qu'écrivains distingués. C'est dire que la formation littéraire de ce soldat fut un peu négligée. Il ne savait que lire et écrire, dit le P. Ribadeneira, son premier historien.

A l'âge de quinze ans, il fut admis en qualité de page à la cour de Ferdinand le Catholique, où il vécut environ onze années. Le bouillant jeune homme rêvait d'embrasser la vie des camps, à l'exemple de ses frères. Aussi le vit-on quitter la cour pour se former au dur métier des armes, sous l'habile direction de son parent, le duc de Naxera, don Antonio Manrique, vice-roi de Navarre.

Ce jeune guerrier se montra partout un chrétien convaincu et sans respect humain, un négociateur habile pour apaiser les querelles, un défenseur armé du prêtre et de la religion. Au milieu de la licence des camps, il eut toujours en horreur le blasphème, le jeu, la cupidité qui se délecte dans le pillage, et les excès des passions brutales. A défaut de frein religieux, cet esprit chevaleresque aurait trouvé, dans le sentiment de l'honneur et l'amour d'une réputation sans tache, la force de se préserver des souillures d'un grossier sensualisme.

III

Ignace au siege de Pampelune (1521).

Les Français défendaient les droits d'Henri d'Albret sur la Navarre, contre les empiétements de Charles-Quint. Ils avaient envahi ce royaume sous les ordres d'André de Lesparre. Maîtres de toutes les villes voisines, ils mirent le siège devant Pampelune. Les faibles remparts de cette cité et le découragement de ses défenseurs leur en ouvrirent bientôt les portes. Le jeune capitaine de Loyola, indigné d'une capitulation si honteuse, jura de mourir les armes à la main et de s'ensevelir sous les murs de la forteresse. On le vit bientôt suivi d'une poignée de braves, électrisés par sa parole,

s'enfermer dans la citadelle, résolu de mourir en héros et en chrétien. À l'exemple du chevalier Bayard, et pour se préparer à la lutte, il se confessa à un compagnon d'armes. Celui-ci en fit de même. Les assiégeants, aussi surpris que furieux de cette résistance inattendue, battirent en brèche, à coups de canon, les murailles de la

forteresse. Au premier rang, Ignace défendit la place,
avec l'ardeur d'un lion. Mais il tomba à demi-mort,
frappé par un boulet : il avait la jambe droite brisée et
la jambe gauche horriblement meurtrie. C'en était fait de
la résistance, avec les graves blessures de celui qui en
était l'âme (20 mai 1521).

Les vainqueurs, désarmés à la vue d'un courage si
héroïque, traitèrent avec distinction le noble blessé.
Ils firent panser ses plaies et remettre sa jambe frac-
turée. Dès que le voyage fut possible, on le transporta
en litière au château de Loyola.

Cette blessure était un coup de la Providence divine.
Dieu veille sans cesse à la défense de son Église. En
effet, Luther, moine plein d'orgueil, venait, cette année
même, à la diète de Worms, de faire appel à l'ambition
des princes, à la corruption des peuples, pour les liguer
contre le Saint-Siège et l'autorité de l'Église romaine.
Le feu de cette révolte allait embraser toute l'Allemagne
et les contrées voisines, et faire couler des flots de
sang et de larmes...

Un moine révolté quittait son cloître et devenait chef
de secte. Un soldat abandonnait la vie des camps et
allait se mettre au service de l'Église et de la Papauté.

IV

Le Blessé au château de Loyola (1521-1522).

Les os de la jambe droite avaient été mal joints dans
l'opération ou disloqués pendant le transport du malade.
Le blessé ne voulait pas de difformité. Il se fit de nouveau casser la jambe et même scier un os en saillie
au-dessous du genou, qui eût nui à son élégance de
cavalier. Ignace ne fit entendre aucune plainte au
milieu d'atroces douleurs.

Mais son courage héroïque ne put empêcher le mal
de faire de rapides progrès et de le conduire aux portes
du tombeau. Sur le point de mourir, il reçut les der-

niers sacrements avec piété, la veille de la fête de saint Pierre. En récompense de sa dévotion et prévoyant son zèle pour la défense du siège apostolique, le prince des Apôtres lui apparut et le guérit, non sans lui laisser quelques douleurs.

La convalescence devait être longue et c'était l'heure

de la grâce. Ignace aimait les romans de chevalerie et pensait que leur lecture le préserverait de l'ennui et charmerait sa solitude. Mais on ne trouva dans le château que *la Vie de Jésus Christ* et *les Fleurs de la Vie des Saints*. A la lecture de ces pages lumineuses, un monde nouveau apparut aux yeux étonnés de cet esclave du siècle et de ses vanités. Dans son enthousiasme, il se demanda pourquoi il ne ferait pas ce

La Sainte Vierge apparaît à saint Ignace malade.

qu'ont fait les saints, ces vrais héros. Parfois le souvenir de ses affections légères vint le remplir de trouble et d'inquiétude. La grâce et la nature, Dieu et le démon, se disputaient cette âme, l'enivraient de joie ou la plongeaient dans des tristesses mortelles. Mais la grâce demeura victorieuse. La lumière pénétra peu à peu dans cette intelligence ; ce cœur se détacha des faux biens de la vie présente et conçut le noble dessein de ne plus vivre que pour Dieu seul. Sous l'empire de cette pensée, au milieu des ténèbres de la nuit, il se prosterna devant l'image de l'auguste Vierge et la conjura, avec une grande abondance de larmes, de le recevoir comme le soldat tout dévoué de son divin Fils. Sous les efforts de l'enfer en fureur, le château de Loyola trembla soudain, comme le témoigne, encore de nos jours, la fissure profonde, qui déchire le mur de la chambre de saint Ignace.

Une autre nuit, la Bienheureuse Vierge lui apparut : elle tenait dans ses bras l'Enfant Jésus et regardait son nouveau serviteur avec une tendresse ineffable. Cette vision effaça pour toujours, dans l'âme d'Ignace, tout souvenir sensuel ; elle répandit dans son cœur les parfums d'une chasteté toute céleste.

V

Le Chevalier de Notre-Dame de Montserrat
1522.

Dès qu'il fut revenu à la santé, le converti annonça son intention de faire une visite au duc de Navarre, son parent. C'était un prétexte pour s'éloigner du château de ses pères. Martin Garcia, son frère aîné, le comprit. Aussi mit-il tout en œuvre pour arrêter le héros de Pampelune dans sa détermination : il le supplia de ne point déshonorer sa race par quelque démarche imprudente. « Un si parfait gentilhomme pouvait-il oublier ce que son nom, son expérience dans l'art de la guerre, lui permettaient d'espérer pour l'avenir. Ignace se contenta de répondre que jamais il ne ferait rien de préjudiciable à l'honneur de sa famille... Il partit, accompagné de deux serviteurs qu'il congédia bientôt, pour se diriger seul vers le sanctuaire de Montserrat.

Chemin faisant, l'intrépide chevalier de l'auguste

Vierge rencontra un Maure, qui ne craignit pas d'insulter à la virginité de la mère de Dieu. C'en était trop pour l'humeur bouillante et belliqueuse d'un soldat. Le musulman allait payer cher ses blasphèmes. Ignace fonçait déjà sur lui quand, tout à coup, il se ravisa: « Que la Vierge Marie, dit-il, soit juge dans sa querelle! » Aussitôt il abandonna les rênes à son cheval, qui s'élança sur une autre route. L'infidèle était sauvé!

Le pèlerin fut mieux inspiré en faisant vœu de chas-

(été perpétuelle, et en se flagellant le corps, toutes les nuits, à partir de cette époque.

Plein de mépris pour le monde, il donna à un pauvre ses riches vêtements et se couvrit d'une tunique de toile grossière, serrée autour des reins par une corde. Il se trouvait heureux d'être devenu pauvre par amour pour *Jésus-Christ*. Il passa trois jours dans le célèbre sanctuaire des Bénédictins de Montserrat. Ce temps fut employé à la confession des fautes de toute sa vie, à la prière et à la pénitence. Avant de se vouer au Roi et à la Reine du ciel, ce preux voulut faire sa veillée d'armes: il passa toute une nuit en prières devant l'autel de Marie. Comme gage éternel de sa sincérité, il laissa sur l'autel sa dague et son épée. Le lendemain, fête de l'Annonciation, s'étant nourri du pain eucharistique, Ignace se dirigeait vers la petite ville de Manrèse.

VI

Le Pénitent de Manrèse (1522)

On vit arriver, un jour, à Manrèse, dans l'hôpital Sainte-Lucie, un jeune homme âgé d'environ trente ans, de taille médiocre, le front légèrement chauve, le visage blanc et rose, à l'air grave et doux, portant une longue chevelure blonde et une barbe négligée. Il était vêtu de la tête aux pieds d'une longue robe de serge. C'était Ignace de Loyola. Il avait choisi cette petite ville pour y vivre inconnu au monde et y converser plus librement avec Dieu. Il découvrit bientôt, sur le penchant de la montagne, à six cents pas de la ville, et cachée dans d'épaisses broussailles, une grotte qui lui servit souvent de retraite.

Toute cette année 1522 fut consacrée à la prière, à la pénitence et au soin des malades dans l'hôpital. Sa nourriture se composait de pain noir mendié de porte en porte et d'un peu d'eau. Ce qu'il recueillait de meilleur, il le réservait pour les pauvres. Son corps était revêtu d'un rude cilice, et enserré par des chaînes de fer ; trois fois par jour il se flagellait jusqu'au sang. L'assistance quotidienne à la sainte Messe et aux offices divins, la confession et la communion hebdomadaires, sept heures d'oraison mentale chaque jour, un peu de sommeil pris sur la terre nue, tout favorisait son union intime avec Dieu.

Il était assailli de trois rudes tentations : le souvenir de ses fautes passées qu'il n'avait peut être pas toutes accusées ; la difficulté de persévérer dans son genre de vie et l'amertume des humiliations qu'il devait savourer tous les jours. L'obéissance à son confesseur, la pensée des années éternelles et son assiduité au soulagement des pauvres et des malades, mirent en fuite le démon et lui rendirent la paix de l'âme.

À une lutte si héroïque contre le monde, l'enfer et l'amour-propre, le ciel répondit en comblant Ignace de dons extraordinaires. Tandis qu'il récitait, un jour, l'office de la Sainte Vierge devant l'église des Dominicains, il fut ravi en esprit et put contempler le mystère admirable d'un Dieu en trois personnes. Il ne pouvait retenir ses larmes, en parlant de la Très Sainte Trinité. Dans la même église, il vit, un autre jour, au moment de l'élévation de la sainte Messe, l'humanité du Fils de Dieu, dans la sainte Hostie. Dans d'autres visions admirables, lui furent manifestés les plans de son Institut, les merveilles de la création et des sciences humaines. Le plus célèbre ravissement dura huit jours, dans une petite salle de l'hôpital, d'où l'on apercevait l'intérieur de l'église. On aurait enterré le saint, si l'on n'avait reconnu en lui un léger battement de cœur.

C'est à Manrèse que le saint opéra son premier miracle. Une poule s'était échappée des mains d'une petite fille. Le volatile maladroit alla se noyer en tombant dans un puits. Les larmes de l'enfant provoquaient les rires des curieux ; mais elles émurent le cœur du saint. Il se mit à genoux sur le bord du vieux puits, et à sa prière, l'eau du puits montant jusqu'à la margelle, ramena la poule ressuscitée, que le saint, en souriant, rendit à l'enfant qui n'en pouvait croire ses yeux.

A la même époque, ce soldat, qui ne savait que lire et écrire, composa, avec l'assistance du ciel, dans la grotte de Manrèse, l'admirable livre des *Exercices spirituels*, revêtu de l'approbation du Saint-Siège (1548).

« Ce petit livre, dit saint François de Sales, a converti plus d'âmes qu'il ne renferme de lettres. » C'est une source intarissable de salut et de perfection pour toutes les âmes, qui le méditent avec foi et piété dans le silence de la retraite.

Saint Ignace écrivant les Exercices spirituels dans la grotte de Manrèse.

VII

Le Pèlerin de la Terre Sainte (1523-1524)

Son départ de Manrèse, vers le milieu de février 1523, excita de vifs regrets parmi ses nombreux amis. Ceux-ci ne pouvaient se consoler, à la pensée de son absence et des périls de son voyage à Jérusalem. La divine Providence, à Barcelone, manifesta de plusieurs manières la protection dont elle couvrait son fidèle serviteur. Un brigantin, prêt à mettre à la voile pour l'Italie et sur lequel devait monter notre saint, fit naufrage en vue du port... Ignace était assis, un jour, dans une église, au milieu de petits enfants, pour entendre le sermon. Tout à coup, une pieuse dame, Isabelle Roser, vit le visage du pèlerin tout rayonnant de lumière. Du consentement de son mari, elle voulut recueillir chez elle celui dont le ciel faisait connaître si visiblement la sainteté.

Ayant mendié de porte en porte, non sans recevoir quelques humiliations, le pain nécessaire à son voyage, le saint fut reçu sur le navire qui le transporta à Gaëte, d'où il se rendit à Rome. Le dimanche des Rameaux, l'an 1523, il pénétrait dans les murs de la Ville éternelle. Il passa quinze jours à visiter les sanctuaires et à satisfaire sa dévotion. De Rome à Venise, une apparition de Notre-Seigneur vint l'encourager au sein de fatigues excessives, de périls imminents et de persécutions incessantes. Dans la ville des doges, sur un avis du ciel, un pieux sénateur se leva une nuit pour aller à la recherche du pèlerin qui dormait sous les galeries de la place Saint-Marc, et lui offrir une généreuse hospitalité. N'avait-il pas raison de compter sur Dieu seul et de refuser ou de distribuer aux pauvres l'argent qui lui était offert ?

De Venise à Jérusalem, Ignace dut plusieurs fois protester, sur le navire, contre la dépravation et les désordres qui vinrent outrager sa foi et blesser son

amour pour la vertu. La vue de la Ville sainte, la visite
des lieux sanctifiés par la présence et les mystères de
Notre-Seigneur, un séjour de six semaines au sein de
ces souvenirs bénis, de fréquentes apparitions du Fils de
Dieu, la protection visible du Très-Haut, tout remplis-
sait Ignace de consolations ineffables. Il fallut un ordre
du Père gardien des Franciscains de la Terre-Sainte pour
le faire revenir en Europe.

A son retour, un vaisseau important, dont le capitaine
lui avait refusé le passage gratuit, en se moquant même
de son renom de sainteté, fit naufrage, tandis que le
pèlerin, monté sur un pauvre bateau, arriva heureuse-
ment en Italie.

A Venise, des pauvres auxquels il venait de donner
un peu d'argent reçu d'un compatriote, se mirent à
crier : *le Saint ! le Saint !* Ils venaient de voir Ignace
mendier avec eux de porte en porte.

La Lombardie était transformée en champ de bataille,
où campaient les armées espagnoles et les troupes fran-
çaises. Traité comme un espion et un fou par ses compatriotes, il reçut de bons procédés et la liberté de la part
des Français.

VIII

L'Ecolier de Barcelone (1524-1526)

Ignace voulait à tout prix sauver des âmes. Mais la
science lui faisait défaut. Aussi, de retour à Barcelone,
résolut-il de commencer par la grammaire la série des
études qui mènent au sacerdoce. On ne put voir sans
admiration, ce gentilhomme âgé de trente-trois ans,
apprendre, sous la conduite du maître Ardebalo, les
premiers éléments de la langue latine. Cet illustre capitaine, confondu avec de petits écoliers, parut plus
héroïque sur les bancs d'une école que sur les remparts
de Pampelune.

Mais son amour pour Dieu lui fit ajouter à ces humbles travaux, des œuvres de perfection et de zèle.

Logé chez le jeune Jean Pascual, qui l'observait jour et nuit, le pieux écolier se livrait à une vie de pénitence

et de prière. Sous sa grossière soutane, se cachait un rude cilice; un morceau de pain mendié, un peu d'eau composaient toute sa nourriture. Il marchait nu pieds sans le paraître, ayant enlevé les semelles de ses chaussures. C'est sur une planche nue qu'il prenait, la nuit, quelques instants de repos. Le plus souvent, tout absorbé en Dieu et élevé de terre, le visage en feu, dans sa chambre toute éclatante de lumière, il consacrait les nuits à converser avec Notre-Seigneur.

On le voyait passer de longues heures dans la chapelle des religieuses dominicaines de Notre-Dame des Anges. Sa ferveur extraordinaire, ses avis charitables, amenèrent ces religieuses à fermer les portes de leur parloir à une troupe de jeunes gens légers et ennemis de tout frein. Ceux-ci se vengèrent, en le faisant, un soir, rouer de coups par leurs esclaves. Ignace passa trente jours suspendu entre la vie et la mort.

Mais Dieu voulut récompenser le zèle de son serviteur. Il fit briller en lui la double auréole du prophète et du thaumaturge. Ainsi Ignace fit connaître à Jean Pascual, son hôte, tout son avenir. Et, en présence du corps inanimé d'un homme qui venait de se donner la mort, notre saint, par ses prières, obtint à cet infortuné la grâce de pouvoir se réconcilier avec Dieu, avant de se coucher de nouveau dans la tombe.

IX

Le Prisonnier d'Alcala et de Salamanque
1526-1527

De Barcelone, où l'étude de la langue latine l'avait retenu deux années, Ignace alla suivre les cours de philosophie à l'Université d'Alcala. Mais la divine Providence voulait faire éclater les héroïques vertus de cet étudiant et le former à l'amour des persécutions.

Il reprit ses œuvres de zèle de Manrèse et de Barcelone : catéchiser les enfants, consoler et secourir les pauvres et les malades de l'hôpital, où il était logé, convertir des pécheurs endurcis...

Mais sur une fausse dénonciation, on le chargea de chaînes comme un criminel. Sa captivité dura quarante-deux jours. Derrière les barreaux de sa prison, Ignace parlait à ses nombreux visiteurs avec une ardeur toute céleste. « J'ai vu Paul dans les fers, » s'écriait devant ses élèves Georges Navaros, professeur de l'Université. L'innocence et la foi orthodoxe du prisonnier sortirent victorieuses de toutes les enquêtes.

Le ciel allait confirmer la sentence rendue en faveur d'Ignace. Lopez de Mendoza, à la vue du serviteur de Dieu, osa dire : « Que je meure dans le feu si cet homme ne mérite pas le bûcher. » La justice divine allait le prendre au mot. Sur le soir du même jour, à l'occasion de la naissance de Philippe II, en préparant un feu d'artifice sur la plate-forme d'une tour de son palais, une étincelle tomba sur la poudre et, en un clin d'œil, Lopez, enveloppé de flammes, expira dans d'atroces douleurs.

Le grand inquisiteur d'Alcala avait mis obstacle aux œuvres de zèle du saint. Sur le conseil de l'archevêque de Tolède, il se rendit à l'Université de Salamanque pour y poursuivre ses études. Mais là aussi, ses œuvres d'apostolat le firent dénoncer et jeter en prison, où il passa vingt-deux jours. Aux âmes pieuses qui s'apitoyaient sur son sort, Ignace répondit avec joie : « Il n'y a pas à Salamanque autant de fers et de chaînes que je désire en porter pour l'amour de *Jésus-Christ*. » Ici encore, l'autorité ecclésiastique rendit hommage à la vertu et à la foi intègre du prisonnier.

V

L'Etudiant de l'Université de Paris (1528-1535).

Ignace pensa que l'Université de Paris lui offrirait des moyens plus efficaces de terminer ses études. Il se mit en route au cœur de l'hiver, poussant devant lui un petit âne chargé de quelques livres classiques. Il entrait à Paris, le 2 février 1528. Il alla loger à l'hôpital Saint-Jacques. Dès le début, son compagnon le dépouilla de toutes ses ressources et le contraignit de la sorte à mendier, le matin, son pain de chaque jour. Voulant éviter cette perte de temps, fruit de son indigence, Ignace consacra les vacances des deux premières années à des voyages en Flandre, à Bruges, à Anvers, pour obtenir

quelques secours des riches marchands espagnols fixés dans ces régions. La troisième année, il poussa même ses excursions jusqu'à Londres. Mais bientôt convaincus de la sainteté de sa vie, ses compatriotes lui envoyèrent à Paris leurs abondantes aumônes.

Son arrivée à Paris.

C'est au collège de Montaigu qu'il étudia les Humanités près de deux ans. Le 1er octobre 1529, il suivit au collège Sainte-Barbe le cours de philosophie et, cinq ans plus tard, le 13 mars 1534, il était reçu docteur ou maître ès arts.

Ignace était âgé de quarante-trois ans. Il commença alors ses études de théologie.

XI

L'Apôtre des étudiants

A Paris, comme en Espagne, Ignace voulut mener de front l'étude et le soin des âmes. Tout en lui parlait de Dieu et prêchait le mépris du monde. A la sortie des classes, on voyait se grouper en foule, autour du nouvel apôtre, une jeunesse naturellement avide de plaisirs sensuels, de fêtes mondaines, peut-être même de nouveautés en matière de religion. Grâce aux pieux entretiens d'Ignace, ces jeunes gens en grand nombre offrirent l'édifiant spectacle d'une vie chaste et laborieuse. Ils fréquentaient avec beaucoup de fruit les sacrements. On les vit fuir les disciples de Calvin, qui commençaient à dogmatiser dans la capitale.

La jalousie imagina de soumettre Ignace à une punition infamante pour lui enlever d'un seul coup tout crédit auprès des étudiants. Mais Govea, recteur du collège, ayant reconnu l'innocence du condamné, au lieu de le faire passer par les verges, lui demanda pardon à genoux en présence des maîtres et des élèves.

L'inquisiteur auquel Ignace avait envoyé plusieurs hérétiques convertis, approuva son irréprochable doctrine. Le ciel, à son tour, le préserva du fer d'un assassin, Michel Navarro, et changea le cœur d'un grand pécheur de sa connaissance, que l'ingénieux apôtre arrêta sur le chemin du crime, en se plongeant, en plein hiver, dans un étang à demi glacé. A cette vie sensuelle, Ignace donnait une héroïque leçon de pénitence.

XII

Le Fondateur de la Compagnie de Jésus 1534.

Après plusieurs essais infructueux, Ignace réussit à grouper autour de sa personne, des étudiants qui

devinrent les pierres fondamentales de son édifice spirituel. Au collège de Sainte-Barbe, la divine Providence lui choisit pour compagnons de chambre, Pierre Lefèvre, né à Villaret en Savoie, et François-Xavier, jeune gentilhomme navarrais. Le premier lui donnait des répétitions de philosophie et en recevait d'abondantes lumières pour la direction de son âme. Xavier, plein de l'esprit du monde, un instant rebelle aux attraits de la vertu d'Ignace, finit par lui ouvrir sa grande âme et embrassa avec ardeur tous ses vastes desseins. D'autres compagnons, Jacques Lainez, d'Almazan, Alphonse Salmeron, de Tolède, Nicolas Bobadilla, Simon Rodriguez, d'Azevedo, découvrirent le germe de leur vocation en faisant les *Exercices spirituels*. Tous se faisaient remarquer par l'étendue de leur savoir, la solidité de leur esprit, l'énergie de leur caractère et l'éclat de leur vertu...

Les ayant réunis pour discuter ensemble leurs pieux projets, Ignace déclara qu'il se proposait de faire vœu de pauvreté et de chasteté, de passer en Terre-Sainte pour y travailler à la conversion des infidèles. En tout cas, il irait offrir ses services au Souverain Pontife, si le chemin de Jérusalem lui était fermé. Tous, d'une voix unanime, se déclarèrent prêts à le suivre et voulurent consacrer leurs promesses par des vœux.

Le 15 août 1534, fête de l'Assomption de la glorieuse Vierge Marie, Ignace et ses six compagnons quittèrent la capitale de grand matin. Etant entrés dans le sanctuaire de Notre-Dame de Montmartre, situé à mi-côte de la montagne des Martyrs, à un mille environ de Paris, ils se confessèrent, et dans la chapelle souterraine, sans témoins et sans bruit, ils entendirent la messe que célébra Pierre Lefèvre, le seul qui fut prêtre parmi eux. Avant de les communier, le célébrant, la sainte hostie entre les mains, se retourna vers ses compagnons; alors chacun d'eux, d'une voix claire et distincte, prononça ses vœux.

Les deux années suivantes, 1535 et 1536, en l'absence d'Ignace, ses six premiers compagnons renouvelèrent leurs vœux à Montmartre le jour de l'Assomption. On y voyait trois nouveaux venus : Claude Le Jay, du diocèse de Genève, Jean Codure, d'Embrun, Paschase Broet, né en Picardie.

L'année même de la fondation de la Compagnie de Jésus (1534), que Dieu suscitait pour combattre l'hérésie, Henri VIII, roi d'Angleterre, victime de ses criminelles

passions, entraînait son royaume dans sa révolte contre
l'Église romaine.

XIII

Azpeitia 1535

Demander à l'air natal le rétablissement de sa santé
gravement compromise, traiter les affaires de Xavier,
Lainez et Salmeron, tel fut le double but du voyage que
fit alors Ignace en Espagne (mars-décembre 1535). Mais
il fut convenu que, leurs études terminées, ils se retrou

veraient tous, dès les premiers jours de 1537, dans la ville de Venise pour passer en Terre Sainte.

Sa famille fit de vains efforts pour l'amener à rétablir ses forces dans le vieux château de Loyola. Mais il ne voulut loger que parmi les pauvres, à l'hôpital d'Azpeitia. Malgré les ardeurs de la fièvre qui le consumait, il se livra à ses exercices ordinaires de piété, de pénitence et de zèle. Il voulut réparer une injustice de son enfance. Un pauvre homme avait été autrefois condamné injustement à une faible amende. Ignace, dans un sermon, se déclare le coupable. Avec d'autres enfants, il avait dérobé quelques fruits dans un jardin. « Je lui donne mes deux métairies, » s'écria le saint apôtre...

Ses prédications, confirmées par la pratique de la vertu et appuyées d'éclatants miracles, eurent un immense succès. A peine remis d'une maladie grave, Ignace s'embarqua à Valence, aborda à Gênes, et de là se rendit à Venise en passant par Bologne.

XIX

Venise (1536 1537).

Ignace, dans la ville des doges, partagea son temps entre l'étude de la théologie et les œuvres de zèle. En donnant les *Exercices* à plusieurs grands personnages, il attira à son genre de vie le bachelier Hozes et gagna l'amitié de Pierre Contarini, neveu du cardinal de ce nom.

Le 8 janvier 1537, il avait le bonheur de presser sur son cœur de père, tous ses enfants, échappés à la fureur des hérétiques, aux horreurs de la guerre et à tous les périls d'un long et pénible voyage. Après leur avoir fait exercer leur charité et leur zèle, quelques semaines, dans l'hospice des Incurables ou dans l'hôpital des Saints-Jean-et-Paul, Ignace les envoya tous à Rome. Grâce à la protection du docteur Ortiz, procureur de Charles-Quint,

Paul III les accueillit avec joie, admira leur science
profonde, permit de se faire ordonner prêtres à ceux qui
ne l'étaient pas encore, et leur remit soixante ducats
pour favoriser leur voyage en Terre Sainte.

De retour à Venise, ils renouvelèrent leurs vœux
entre les mains de Veralli, nonce du Pape. Celui-ci
venait de protester, par un acte public, contre les fausses
accusations dont saint Ignace avait été l'objet. Le 24 juin,
l'évêque d'Arba ordonna prêtres ceux qui n'étaient pas
encore revêtus de cette dignité. Ignace remit, au
25 décembre de l'année suivante, la célébration de sa
première messe: il s'y prépara par la prière et la pénitence...

En attendant leur départ pour Jérusalem, ajourné par
la guerre entre les Turcs et la république de Venise, le
saint envoya ses amis travailler dans les villes voisines,
où la fatigue, les privations faillirent coûter la vie à
Lainez, à Simon Rodriguez et à Ignace lui-même.

XX

Rome (1538-1539).

Le chemin de la Terre Sainte était toujours fermé.
Aussi, selon leurs promesses, Ignace, Lainez et Lefèvre
allèrent offrir les services de la société naissante au
pape Paul III, tandis que leurs autres compagnons prê-
chaient dans les universités du nord de l'Italie.

A quelques milles de Rome, Ignace, en prière dans
l'église déserte de la Storta, vit, au milieu d'une éblouis-
sante lumière, Jésus chargé de sa croix, et le Père éternel, qui conjurait son divin Fils d'agréer les services du
pèlerin. « Je vous serai propice à Rome, » dit Notre
Seigneur, en regardant son serviteur. Cette vision
ranima la joie et le courage des trois voyageurs, qui se
regardèrent dès lors comme les compagnons de Jésus-
Christ pour la conquête des âmes.

Le Souverain Pontife, qui venait de créer une congrégation pour remédier aux grands maux de l'Église, fit bon accueil à ces nouveaux ouvriers : il nomma Lainez et Lefèvre professeurs à la Sapience, tandis qu'Ignace s'occupa de prêcher au peuple et de donner les *Exercices spirituels* au cardinal Contarini, au docteur Ortiz et à François Strada, devenu plus tard jésuite.

Ses compagnons, appelés à Rome en 1538, produisirent des fruits admirables de conversion, dans les différentes paroisses de la ville. Réunis dans un petit vignoble situé au-dessous de la Trinité du Mont, ces apôtres infatigables passaient une partie de la nuit à discuter les bases de leur futur Institut.

Mais une tempête formidable, qui dura huit mois, faillit tout compromettre. Agostino, religieux piémontais des Ermites de Saint Augustin et secret disciple de Luther, furieux d'avoir vu les Pères démasquer ses hérésies, les accusa, du haut de la chaire, d'erreurs manifestes, d'hypocrisie et de crimes énormes. Michel Navarro, qui avait tenté d'assassiner Ignace à Paris, osa se poser en dénonciateur devant les tribunaux. Mais la calomnie fut confondue et une sentence juridique vint affirmer l'innocence et la saine doctrine des nouveaux apôtres.

XXVI

Le Saint Siege approuve le nouvel Ordre
1539-1541.

Le ciel manifesta d'une autre manière sa protection en faveur des persécutés. Leur héroïque dévouement dans la famine qui venait de désoler Rome ; les succès de leur ministère dans les différentes provinces d'Italie et à la cour de Jean III, roi de Portugal ; les louanges unanimes des peuples et des évêques qui voyaient à l'œuvre ces nouveaux ouvriers, tout décida Paul III à

confirmer solennellement, le 27 septembre 1540, et le
14 mars 1543. L'ordre nouveau déjà approuvé verbale-
ment, à Tivoli, le 3 septembre 1539. *Le doigt de Dieu
est là !* s'était écrié le pape, en lisant la première
ébauche du nouvel Institut. Le cardinal Guidiccioni,
ennemi de la multiplication des ordres religieux, déclara

celui-ci indispensable pour arrêter les progrès de l'hérésie et remédier aux maux de l'Église.

Le 5 avril 1541, Ignace fut élu supérieur général à
l'unanimité et remplit cette charge jusqu'à sa mort,
malgré ses tentatives réitérées pour se soustraire à ce
lourd fardeau. Le 22 avril suivant, saint Ignace recevait
les vœux solennels de ses compagnons dans la basilique
de Saint-Paul hors-les-Murs.

Devenu le premier parmi ses frères, le nouveau supérieur usa de son autorité pour remplir, pendant quelque temps, les plus humbles emplois de la maison et catéchiser, durant quarante-six jours, des enfants pauvres.

Il suivait, avec une sollicitude toute paternelle, les premiers travaux de ses fils déjà dispersés dans le monde. François-Xavier prenait possession des Indes ; Rodriguez établissait la Compagnie de Jésus à Lisbonne ; Salmeron et Broet visitaient l'Irlande en qualité de nonces apostoliques ; Lefevre défendait l'Église d'Allemagne contre la fureur du Protestantisme.

XVII

Les œuvres préférées de saint Ignace.

Sans doute, l'œuvre des catéchismes ; l'éducation chrétienne de la jeunesse ; les instructions familières dans les missions et les retraites ; la prédication dans les pays chrétiens et parmi les infidèles ; l'audition des confessions, étaient les ministères propres de l'Ordre naissant. Mais le saint voulut voir aussi ses enfants exercer l'apostolat et pratiquer la charité, dans les prisons, les hôpitaux et parmi tous les deshérités de ce monde.

Pour lui, à Rome, il se réserva la mission d'enseigner la doctrine chrétienne aux enfants et aux ignorants, de soigner les malades et de travailler au salut des âmes abandonnées. La remise en vigueur du décret de Latran, qui, sous Paul V, obligeait les malades de voir le prêtre, après avoir reçu une ou deux visites du médecin ; la fondation de la maison des catéchumènes, bâtie pour favoriser la conversion des Juifs ; le monastère de Sainte-Marthe, élevé pour offrir un asile aux femmes repenties ; le *conservatoire* de Sainte-Catherine, construit pour la préservation des jeunes filles ; les deux orphelinats destinés à recevoir les enfants privés de

leurs parents : ce sont les principales œuvres de zèle
établies par saint Ignace dans la ville de Rome.

XVIII

Les Constitutions (1541-1556).

La merveilleuse activité de saint Ignace n'était point
absorbée par le soin de ces œuvres diverses. Tout en
gouvernant son Ordre avec une prudence consommée,
il se mit à écrire les Constitutions qui devaient en être
la loi suprême. Ce monument impérissable de sagesse,
qui suffirait à lui seul, selon le P. Lainez, au gouverne-
ment de toutes les sociétés religieuses, fut élevé par
Ignace avec les lumières du bon sens, de la foi et de
l'expérience. C'est le fruit admirable de quinze années
d'études sérieuses, de prières ferventes, de saintes
larmes et de minutieuses observations.

À la plus grande gloire de Dieu ! Maxime qui peint
admirablement le but final de l'œuvre de saint Ignace
et les moyens choisis pour faire de ses religieux des
saints et des apôtres. La perfection des membres de
cette Compagnie prendra sa source dans un détache-
ment absolu, une parfaite abnégation de soi même.
Leur apostolat sera en harmonie avec les exigences de
la vie commune : il exclura un habit particulier, les
offices du chœur, en général tout ce qui pourrait être un
obstacle à l'évangélisation des hérétiques et des infidèles. Les profès s'engagent par vœux à renoncer aux
dignités ecclésiastiques et à partir pour les missions
lointaines sur l'ordre du Souverain Pontife.

En 1558, une Congrégation générale approuva les
Constitutions écrites par le saint Fondateur.

XIX

Progrès rapides de la Société de Jésus
1540-1556.

Ignace avait vu plusieurs de ses compagnons le pré-
céder dans le ciel : Jean Codure 1541, Pierre Lefèvre

(1546), Claude Le Jay (1551) et l'apôtre des Indes, François-Xavier (1551), qu'il destinait à lui succéder dans sa charge de général.

Ces vaillants apôtres, tombés sur le champ de bataille, étaient autant d'intercesseurs auprès de Dieu pour la société naissante. Les souverains de Portugal, d'Espagne, de France et d'Autriche, rivalisaient de zèle avec les papes pour favoriser l'extension du nouvel Ordre. Lainez et Salmeron faisaient admirer, au Concile de Trente, la solidité de leur vertu et la profondeur de leur science. Canisius disputait au protestantisme les provinces d'Allemagne. François de Borgia, ami de Charles-Quint, ancien vice-roi de Catalogne, attirait en Espagne, à la nouvelle Compagnie, de nombreuses et vaillantes recrues. Les Indes, le Japon, gagnés à *Jésus-Christ* par François-Xavier, venaient consoler l'Église des défections causées par l'hérésie protestante.

Après quinze ans d'existence, l'Ordre de saint Ignace comptait treize provinces, une centaine de maisons ou collèges, en particulier, à Rome le Collège Romain et le Collège Germanique, à Paris le Collège de Clermont (Louis-le-Grand), fondé par Guillaume Duprat.

La mission de saint Ignace semblait toucher à sa fin.

XX

Mort de saint Ignace (1556).

Se sentant défaillir, le saint Fondateur répétait plus que jamais sa parole favorite : « Que la terre me paraît vile quand je regarde le ciel ! » L'enfer, par la bouche des possédés, le proclamait le plus grand de ses ennemis parmi les hommes. De fréquentes apparitions de la Sainte Vierge, de Notre-Seigneur, de la Très Sainte Trinité, venaient inonder son âme de nouvelles lumières et d'ineffables consolations. Un instant, on craignit de le voir perdre la vue, tant ses larmes de dévotion étaient abondantes.

Ce saint qui passe, aux yeux d'un grand nombre, pour un homme fier et despote, était doué d'une tendresse admirable et d'une humilité profonde. Quelle charité envers ses enfants malades! Quel soin pour cacher les faveurs dont le ciel ne cessait de le combler!

Il voulut mourir comme le plus simple et le plus obs-

cur de ses religieux. Muni du saint Viatique, consolé par la bénédiction du pape, il attendit avec sa sérénité habituelle l'heure de Dieu. Dans les étreintes de l'agonie, ses enfants le virent, les yeux levés au ciel, les mains jointes, l'âme calme et tranquille, au seuil de l'éternité. Ce brillant flambeau s'éteignit doucement, vers six heures du matin, le 31 juillet 1556.

XXI

Son Culte.

Saint Ignace fut béatifié par Paul V, le 27 juillet 1609 et canonisé par Grégoire XV, le 12 mars 1622. Sa fête se célèbre le 31 juillet. On peut ce jour-là gagner une indulgence plénière aux conditions ordinaires : confession, communion, visite d'une église de la Compagnie de Jésus ou de l'église de la paroisse, là où il n'y a pas de maison de la Société de Jésus.

Pratique des dix dimanches en l'honneur de saint Ignace. — Avant la fête du saint ou dans le cours de l'année, pendant dix dimanches consécutifs, on doit faire de pieuses méditations, ou des prières vocales ou d'autres exercices de piété, à la gloire de Dieu et à l'honneur de saint Ignace... indulgence plénière pour chaque dimanche aux mêmes conditions que pour la fête. Clément XIII, Décret Congr. Indulg., 27 janvier 1767.

Le Rescrit de la même Congrég., sous Grégoire XVI, 10 décembre 1841, autorise les fidèles à se contenter de la visite de l'église paroissiale, avec la confession et la communion, dans les centres où il ne se trouve pas d'église des Jésuites.

Oraison.

O Dieu, qui pour propager la plus grande gloire de votre nom, avez voulu, par le ministère de saint Ignace, fournir à l'Église militante le secours d'une milice nouvelle, faites que par votre grâce, après avoir combattu sur la terre avec son aide et à son exemple, nous méritions d'être couronnés avec lui dans le ciel. Par *Jésus-Christ* Notre-Seigneur, qui vit et règne avec vous, en l'unité du Saint-Esprit, dans tous les siècles des siècles. Ainsi soit-il.

Prière de saint Ignace à Notre Seigneur.

OFFRANDE DE SOI-MÊME PAR SAINT IGNACE

Prenez, Seigneur, ma liberté entière. Recevez ma mémoire, mon intelligence et toute ma volonté.

Tout ce que j'ai, tout ce que je possède, vous me l'avez donné : je vous le rends totalement et je le livre absolument à votre volonté pour qu'elle en dispose.

Donnez-moi seulement votre amour avec votre grâce, et je suis assez riche ; et je ne demande rien de plus.

(Somm. d'indulg. — Léon XIII, 26 mai 1885.)

PRIÈRE DONT SAINT IGNACE RECOMMANDAIT LA RÉCITATION

Âme de Jésus, sanctifiez-moi.
Corps de Jésus, sauvez-moi.
Sang de Jésus, enivrez-moi.
Eau du Côté de Jésus, purifiez-moi.
Passion de Jésus, fortifiez-moi.
Ô bon Jésus, exaucez-moi !
Cachez-moi dans vos plaies ;
Ne permettez pas que je sois séparé de vous.
Défendez-moi contre l'esprit mauvais.
Appelez-moi à l'heure de ma mort.
Et dites-moi de venir à vous.
Afin que je vous glorifie avec vos saints,
Dans tous les siècles des siècles,
    Ainsi soit-il.

A. M. D. G.

Avec la permission des Supérieurs.

Permis d'imprimer :

† LÉON, Évêque d'Amiens.

Abbeville, imp. C. Paillart, éditeur des *Bonnes Lectures illustrées* et *Papiers de Cartonnages*.

DU MÊME AUTEUR :

Manuel illustré des Confréries et autres OEuvres du Très-Saint-Sacrement. — Imp. C. Paillart, Abbeville.

Petit Manuel illustré des Congrégations de la Bonne-Mort. — Imp. C. Paillart, Abbeville.

Petit Manuel illustré des Congrégations de la Sainte-Vierge. — Imp. C. Paillart, Abbeville.

Petites Vies illustrées de saint IGNACE DE LOYOLA, de saint FRANÇOIS-XAVIER, de saint JEAN-FRANÇOIS REGIS, de saint JEAN BERCHMANS, de saint STANISLAS KOSTKA, S. J. — Imp. C. Paillart, Abbeville.

A **10** centimes, *franco :* **15** centimes.